LES

RELATIONS DE LA FRANCE

EN EUROPE.

LES

RELATIONS DE LA FRANCE

EN EUROPE.

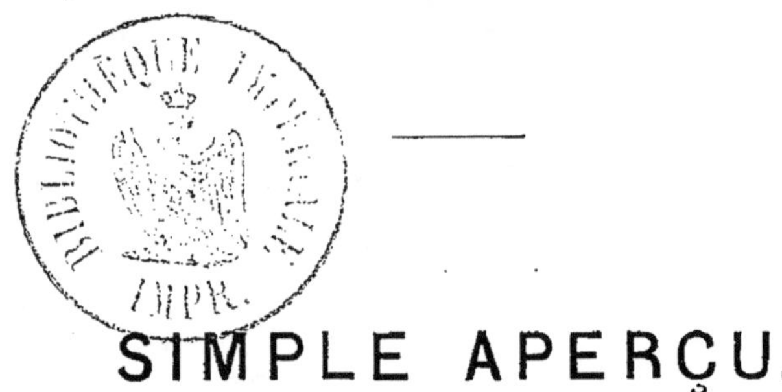

SIMPLE APERÇU.

PARIS

AMYOT, LIBRAIRE-ÉDITEUR

8, RUE DE LA PAIX.

1867

RELATIONS DE LA FRANCE

EN EUROPE.

L'année 1866 a vu s'accomplir de grands événements qui ont modifié d'une manière notable la carte d'Europe. Au printemps, une lutte de quelques semaines éclate entre l'Autriche et la Prusse. Malgré leur valeur, malgré leur bon droit, puisqu'ils se défendaient contre leurs agresseurs, les Autrichiens, forcés de faire face à deux armées, vainqueurs en Vénétie, sont totalement battus dans la plaine de Sadowa. Ils ont vu l'ennemi à quelques lieues de leur capitale, ils ont pu craindre une ruine complète et irréparable ; heureusement il n'en a rien été, la Prusse a tourné ses vues d'un autre côté afin de réaliser ce grand projet d'unité allemande qui était depuis si longtemps le rêve du comte de Bismarck, et l'Allemagne du Nord s'est formée. Quelques personnes ont blâmé la France d'avoir laissé s'accomplir cette transformation sans vouloir comprendre que, ainsi que le faisait observer M. le Ministre d'État, dans un discours remarquable, l'ancienne Allemagne pouvait réunir sous les armes, en temps de guerre, un contingent tout aussi nombreux qu'elle le peut actuellement, et qu'en temps de paix une cohésion intime existait entre les divers États par le Zollwerein.

Loin d'être un danger, la Prusse agrandie est plutôt pour nous une cause de sécurité. Tout le monde, en effet, est forcé de reconnaître que les anciennes principautés d'Allemagne ne pouvaient, en admettant qu'elles fussent avec nous, nous être d'aucun secours, et que la Prusse, à cause de sa position, alors un peu effacée, était l'alliée quand même de la Russie. C'est une alliance séculaire que celle de ces deux peuples. Instrument docile de la politique des czars, la Prusse servait les intérêts moscovites par son influence dans les Congrès et par une conformité de vues et de projets qui ne se démentait dans aucune occasion. Elle avait alors besoin d'un protecteur puissant qui lui permît de satisfaire son désir d'extension. Maintenant qu'elle a réalisé le plan qu'elle avait projeté, elle n'a plus rien à attendre de la puissance sur laquelle elle s'appuyait, et son intérêt, bien entendu, lui commande de séparer sa politique de celle de la Russie, car elle ne doit pas se dissimuler qu'elle a sur ses frontières mêmes un état envahissant dont, si elle n'y prend pas garde, elle sera la première victime.

L'Autriche, durant ces dernières années, a été bien troublée, tant à l'intérieur qu'à l'extérieur. Depuis 1859 elle a perdu ses possessions italiennes et vu son

influence s'éteindre dans la Péninsule ; mais ces pertes
sont plus apparentes que réelles. La Vénétie était pour
elle un sujet de dépenses énormes, une cause perma-
nente de trouble et d'agitation, sans lui donner comme
compensation aucun avantage. Les limites dans lesquelles elle est actuellement renfermée sont encore bien
suffisantes, d'autant plus qu'elle a à remplir une tâche
difficile, celle d'unifier les peuples dont se compose la
monarchie, de leur donner cette homogénéité qui leur
manque et qui seule fait la vraie force.

L'Empereur François-Joseph, par ses qualités et par
les efforts incessants qu'il fait, parviendra à réunir ces
divers éléments bohémiens, hongrois, allemands, jus-
qu'à présent si opposés, et il faut espérer qu'il verra
bientôt le moment où, se reposant, son œuvre terminée,
il pourra se dire avec une juste satisfaction : Ce que
l'Autriche a perdu en superficie, elle l'a gagné, et lar-
gement, en force et en puissance.

De même que la Prusse, elle se trouve directement
en contact avec le colosse du Nord, dont elle a tout à
craindre et rien à espérer. Il importe donc qu'elle se
rapproche de la France, comme la France a tout intérêt
à ce qu'elle soit une et forte. Elle n'est plus l'époque où
la politique vraiment nationale devait tendre à l'abaissement de la maison d'Autriche, où le cardinal de
Richelieu, avec la profondeur d'esprit qui le caractéri-
sait, était convaincu que cet abaissement seul pouvait
nous donner la tranquillité. Les changements survenus
depuis, notamment en Espagne et dans les Pays-Bas,
rendraient une pareille politique stérile et dangereuse.
Il faut oublier ces luttes, ces rivalités passées et com-

prendre les avantages énormes que doit amener entre les deux peuples une entente complète et loyale.

L'Italie vient de recouvrer cette unité dont elle était privée depuis tant de siècles. Les princes étrangers qui y régnaient ont été dépossédés, Venise, qu'elle réclamait depuis six ans, vient encore de lui être rendue par notre intermédiaire, et le roi Victor-Emmanuel, l'ex-roi du petit État de Piémont se trouve maintenant gouverner toute la Péninsule. Le peuple italien a jeté déjà sur Rome des regards de convoitise, mais il doit bien se persuader d'une chose, qu'il n'a plus à songer à de nouvelles annexions. La ville éternelle appartient à la catholicité tout entière, le pape y est, il doit y rester, car on ne comprendrait pas plus Rome sans le Pape que le Pape hors de Rome. La ville éternelle est le patrimoine de Saint-Pierre, c'est une propriété possédée en commun pour ainsi dire par tous les États catholiques du globe, et nul ne peut l'accaparer à son profit exclusif. Le Pape ne peut être ni Italien, ni Français, ni Autrichien, il faut qu'il soit Romain, qu'il soit indépendant et maître chez lui, afin de pouvoir en toute liberté gouverner les consciences.

Les Italiens honnêtes et intelligents ne doivent pas se laisser abuser par de vaines paroles et des espérances trompeuses. C'est l'esprit de révolution et de désordre qui les pousse à s'emparer de Rome, mais il faut qu'ils y résistent, car la chute de la papauté pourrait entraîner après elle celle de la monarchie et plonger dans un chaos épouvantable une nation dont un gouvernement héréditaire et régulier est l'unique sauvegarde. Le mazzinisme encourage à dessein un sentiment vague et irréfléchi qui voit dans Rome le couronnement de l'unité. Il flatte aujourd'hui le roi pour mieux l'abattre demain, et, lorsque le programme qu'il trace maintenant sera accompli, il jettera le masque et poursuivra au grand jour son œuvre de bouleversement. Le Gouvernement italien doit donc combattre un parti redoutable dont Mazzini est l'âme, parti qui a favorisé le Piémont dans son entreprise parce qu'il s'attendait à voir la royauté sombrer au milieu de la lutte et qui le pousse à l'heure qu'il est à s'emparer de la ville éternelle, parce qu'il croit que la chute de Rome sera le tombeau de la monarchie.

Celle-ci, heureusement, saura éviter les écueils dont on parsème sa route. Tout porte à croire qu'à l'avenir elle continuera à se montrer inébranlable devant ses ennemis véritables, et qu'elle saura achever bientôt l'œuvre de régénération qu'elle a entreprise et dont la promulgation des nouveaux codes est un des premiers témoignages. L'Italie n'oubliera pas que c'est à nous qu'elle est redevable de son indépendance et elle prouvera en toute occasion qu'elle est reconnaissante des secours et de l'appui qui lui ont été donnés.

L'Espagne et le Portugal traversent en ce moment une période de transformation ; les réformes que le Gouvernement veut tenter ne s'implantent pas sans causer quelques troubles, mais cet état est nécessairement passager et cette situation anormale cessant, plus rien n'empêchera la Péninsule Ibérique de s'unir plus complètement à la France. L'Espagne n'a rien à redouter de notre voisinage et ne peut jamais être un danger pour nous. Chacun des deux peuples doit dès lors chercher à développer de plus en plus leurs rapports communs, appliquant cette phrase mémorable sortie, il y a deux siècles, de la bouche du grand roi : Il n'y a plus de Pyrénées.

Au Nord de l'Europe s'étend la presqu'île scandinave rattachée au continent par la Russie. La Suède a été en tout temps convoitée par les czars, et elle ne saurait trop se mettre en garde contre la domination moscovite. Malgré sa position entièrement septentrionale, les forêts dont elle est couverte produisent en abondance des bois dont elle fait un commerce énorme, ce qui lui procure une richesse relativement très-grande; elle doit donc veiller à garantir son indépendance afin de jouir dans une libre tranquillité de tous ses avantages, et pour cela notre alliance ne peut que lui être utile.

Je n'aurais rien à dire du Danemarck si par sa position géographique il n'était maître d'un des détroits les plus importants. La France a tout intérêt à maintenir libre le passage qui est la clef de la Baltique et par conséquent du commerce avec tous les peuples du littoral.

La Belgique, d'après les clauses du contrat qui a présidé à sa naissance, est essentiellement neutre. Quant à la Hollande, elle ne doit désirer qu'une seule chose, la paix, afin de pouvoir continuer ce mouvement commercial qui est le principe de sa vitalité. Avec ces deux pays, de même qu'avec l'Espagne, la France n'a qu'à multiplier, sans autre préoccupation, des rapports qui amèneront des avantages réciproques.

Renfermée dans son île, et par sa position géographique, l'Angleterre a dû rester étrangère à cette fièvre d'annexion qui s'est emparée de presque tous les esprits, mais elle a tourné son activité et son ambition vers les pays lointains où elle a fondé ces immenses colonies qui sont pour elle la source d'une si grande prospérité. Elle est avant tout une puissance maritime, ce qui fait que, par ses armées, elle n'est jamais intervenue que d'une manière peu efficace dans les affaires d'Europe ; mais son influence morale est incontestable ; la réputation qu'elle s'est acquise de nation éminemment pratique, se préoccupant même un peu trop exclusivement de ses intérêts matériels, fait considérer comme raisonnables toutes les entreprises auxquelles elle donne son appui. Le temps des vieilles haines de la France et de l'Angleterre est passé : séparées l'une de l'autre par un étroit bras de mer que les progrès de l'industrie tendent à diminuer chaque jour, ces deux nations doivent s'unir de plus en plus, et cette entente amènera forcément pour chacun des deux pays une énorme prospérité.

D'origine récente, le royaume de Grèce est redevable de son existence à l'ardente protection de la Russie, qui a compris toute l'utilité qu'elle en pourrait retirer ; elle plaçait par ce moyen, sur la frontière méridionale de la Turquie, un ennemi qu'elle ferait marcher au gré de ses vœux et dont la haine turbulente favoriserait sa marche sur Constantinople. Pour entraîner à sa suite les autres nations européennes, elle a habilement exploité le sentiment chrétien en représentant les Grecs comme des frères opprimés par les hérétiques, à qui il fallait rendre le libre exercice de leur culte, et c'est ainsi que le 14 décembre 1829 fut signé le traité d'Andrinople qui assurait l'indépendance de la Grèce. La République hellénique, transformée par la suite en monarchie, n'a que trop répondu aux prévisions de la Russie, et les secours qu'elle vient de fournir aux Crétois révoltés en sont la manifestation la plus éclatante. Par sa politique, la Grèce représente en Orient des tendances contre lesquelles nous devons lutter.

S'étendant à l'est de l'Europe et au nord de l'Asie, la Russie est de beaucoup l'État le plus vaste de l'ancien continent. Le pouvoir indiscuté des czars, des institutions à demi sauvages tempérées par un contact perpétuel avec les États civilisés, une race d'hommes énergiques font de cette nation une forte puissance. Il faut rendre cette justice au gouvernement que, depuis plusieurs années, il a pris les mesures les plus utiles et les plus libérales relativement aux serfs et aux droits de propriété, il a créé des chemins de fer, établi de grandes lignes télégraphiques, développé la production nationale et augmenté le commerce avec l'extérieur. Il marche à pas de géant dans la voie du progrès, et, en cela, il mérite les plus grands éloges, mais il est un but qu'il cherche toujours à atteindre, comme si, sur un territoire aussi vaste que le sien, il ne lui restait pas encore assez d'améliorations à réaliser. Ce but, c'est Constantinople, et tous les czars qui se sont succédé depuis Pierre-le-Grand ont toujours rêvé d'étendre leur domination jusque sur les rives du Bosphore. En poursuivant ce but, la Russie se trouve en désaccord complet avec l'Europe, et si jamais elle voulait s'annexer violemment les États de la Porte, ce ne seraient pas la France et l'Angleterre seules qui la repousseraient, mais encore toutes les autres puissances, et le péril, loin d'être pour nous, serait pour les agresseurs. Que la Russie améliore et fasse progresser les contrées qui lui sont soumises, qu'elle en fertilise les terres, qu'elle en exploite les mines, qu'elle tire enfin de son énorme superficie tous les avantages qu'elle en peut tirer; en agissant ainsi, elle assure d'une manière plus complète le bonheur de ses sujets et contribue pour une plus large part au développement du bien-être général. Mais qu'elle renonce à ses vues sur la Turquie, qui ne peut rien pour sa gloire et sa prospérité, dont les mœurs sont différentes des siennes et dont la civilisation plus asiatique ne pourrait s'accommoder des rigides institutions qui gouvernent l'Empire russe.

Venus d'Asie, les Turcs, depuis 1453, ont transporté à Constantinople le siége de leur gouvernement, et depuis cette époque, ils ont été comptés au nombre des nations européennes, sans qu'ils aient jamais rien fait qui pût justifier leur exclusion. Sectaires de Mahomet, ils ont cependant laissé une grande liberté dans l'exercice des cultes, et les prétendues souffrances des chrétiens sur le sol de Turquie sont bien plus un prétexte qu'une réalité. Je veux bien que la civilisation des Ottomans ne soit pas aussi avancée que la nôtre, mais il ne faut pas méconnaître les progrès qui se sont accomplis sous l'influence de la France, influence à laquelle la Porte était heureuse de céder après les services qui lui avaient été rendus en 1854. De même que nous devons veiller au maintien de l'Empire Turc, de même celui-ci, qui a besoin de notre protection pour se défendre contre les agressions de son puissant voisin, est pour nous un allié fidèle qui, dans la mesure de ses moyens, fera tous ses efforts pour nous rendre service.

La situation de la France en face de l'Europe ne présente donc rien que de très-rassurant. Depuis dix-sept ans, elle a constamment pris en main la défense des intérêts sacrés du droit et de la liberté, et deux fois, pour ne pas sortir de l'ancien continent, elle a appuyé de ses armées deux grandes causes. La guerre d'Orient a eu pour but de maintenir intact un territoire que l'ambition moscovite convoitait depuis longtemps. C'était non-seulement notre propre intérêt et celui de l'Europe que nous venions défendre, c'était encore la liberté d'un peuple sur lequel un puissant voisin veut injustement faire peser sa domination.

Par la guerre d'Italie en 1859, nous affranchissions un pays asservi sous des princes étrangers; au nom du grand principe des nationalités, nous unissions un peuple séparé depuis des siècles, et nous fondions un royaume unique sur les débris des anciens gouvernements.

Malheureusement la Turquie est toujours menacée, l'Italie n'affermit qu'avec peine son unification. Le slavisme et le mazzinisme sont deux ennemis redoutables qu'il est impossible d'anéantir et qu'il faut seulement chercher à rendre impuissants.

Voilà déjà longtemps que la question d'Orient a été

agitée, et depuis on a dit bien des fois que l'Empire Ottoman s'écroulait, qu'il ne pouvait plus exister, et cependant il est resté debout. Les progrès qui, sous l'impulsion d'un prince éclairé, se sont effectués dans ses institutions tendent à lui donner une nouvelle force qui lui permettra de s'opposer avec plus d'efficacité à toute tentative d'envahissement.

Si d'ailleurs une guerre venait à éclater, la France ne serait pas seule à repousser l'envahisseur : elle aurait avec elle ses anciens alliés l'Angleterre et le Piémont devenu l'Italie. L'Autriche et la Prusse, dont l'ambition doit être satisfaite, sont trop intéressées au maintien de l'État actuel pour ne pas être aussi avec nous. Si donc, ce qu'à Dieu ne plaise, une guerre éclatait, toutes les chances seraient de notre côté.

Quant à la question romaine, la France est dégagée de toute responsabilité. Par ses deux expéditions de 1849 et de 1867, elle s'est montrée digne du titre de fille aînée de l'Église et elle a fait tout ce qu'il était en son pouvoir de faire pour défendre, non contre le véritable sentiment italien, mais contre l'esprit de révolution et d'anarchie, le Souverain-Pontife, à qui ses sujets, en dépit des excitations de tout genre, viennent de donner la preuve de leur profond attachement. La conférence j'espère se réunira pour trancher en dernier ressort le différend entre le Pape et l'Italie, et tout porte à croire qu'un esprit de sage conciliation présidera à cette assemblée et viendra dicter des conditions de nature à maintenir, en même temps qu'un pouvoir nécessaire et incontestable, la bonne intelligence entre les divers États.

En tout cas, la déclaration si nette et si précise que dans la séance du 5 décembre M. le Ministre d'État, au nom du Gouvernement, a faite à la Chambre et qui a trouvé un écho si sympathique dans le cœur de la nation, permet au pays d'être pleinement rassuré sur le sort d'une puissance dont l'existence est d'une utilité incontestable, tant au point de vue religieux qu'au point de vue politique.